LES
BIBLIOTHÈQUES POPULAIRES
ET COMMUNALES
DANS LE DÉPARTEMENT DE L'AISNE

RÉFLEXIONS D'UN SOUSCRIPTEUR SUR LEUR ORGANISATION ET DÉVELOPPEMENTS

On peut dire, aujourd'hui, que les Bibliothèques populaires sont fondées dans le département de l'Aisne. L'idée a été donnée par des hommes de bien. Elle a germé. Elle a pris racine. Les souscriptions sont déjà nombreuses; le Comité central va se réunir à Laon. Une impulsion vigoureuse sera donnée par lui à l'initiative privée. Le premier pas est fait. Il n'y a plus qu'à marcher dans la même voie. Le succès est au bout.

Les débuts des Bibliothèques populaires ont été particulièrement heureux dans l'Aisne. Ce département, si riche et si plein de ressources de toutes espèces, va rivaliser avec l'Alsace, avec laquelle, d'ailleurs, il a de puissantes analogies. Toujours prêt à répandre les idées de progrès, il développera cet heureux mouvement intellectuel, assuré qu'il est de trouver une population avancée qui fera fructifier l'institution et en profitera.

Depuis quelque temps déjà, une Société de cette nature

s'est formée à Soissons ; d'autres se sont établies à Château-Thierry et à Villers-Cotterets. A Saint-Quentin, la Société académique a organisé une Bibliothèque, qui possède déjà un fonds très-respectable de livres que le public a lus avidement. Avec les sympathies empressées de la ville, elle augmentera son catalogue et trouvera dans la Bibliothèque de la ville proprement dite, qui lui prêtera certains de ses ouvrages, un concours bien précieux. A Laon, le *journal de l'Aisne* annonçait, il y a deux mois, que M. le vicomte Sérurier, prenant l'œuvre des Bibliothèques en main, y avait intéressé le gouvernement, et avait obtenu une subvention de l'Empereur. Depuis, le Conseil général du département s'est, par un vote unanime, approprié la fondation des Bibliothèques, et, comme il fallait une personnalité à la fois locale et connue, pour représenter l'institution et présider à son éclosion définitive, il a choisi un député du pays, M. Hébert.

Cette marche est particulièrement satisfaisante. Jusqu'ici, dans les départements où il existe des Bibliothèques populaires, c'était une personne influente qui dirigeait l'œuvre. Dans l'Aisne, ce n'est plus tel ou tel individu déterminé. C'est une œuvre multiple. C'est une institution départementale. Qui, pour mettre fin à toutes les défiances ; qui, pour aplanir les difficultés d'organisation ; qui, pour réunir toutes sympathies et donner toutes garanties, convenait mieux que les notabilités du département désignées par le libre choix des électeurs? Aussi le Conseil général a-t-il bien fait de confier la direction des Bibliothèques populaires à un honorable député, qui puisait dans sa qualité de représentant du pays un titre puissant à la confiance générale. Un pareil choix n'inquiétait aucun amour-propre, ne blessait nulle susceptibilité, et était une garantie de succès.

Ce serait cependant, selon nous, une erreur de croire que le Conseil général et le Comité central, qui va se réunir, ont voulu ou voudraient accaparer la direction et se mettre exclusivement à la tête du mouvement.

Sans connaître exactement l'esprit qui les anime, nous apprécions autrement leurs tendances et leur but. Si nous saisissons bien leurs intentions, les fondations existantes ne subiraient aucune modification ni annexion. On verrait même s'en former de nouvelles avec plaisir. Le Comité ne s'immiscerait en rien dans les tentatives locales. Il n'adresserait pas un ordre. Ce n'est pas, sans doute, dans sa volonté, et, en tous cas, ce ne serait pas dans son droit. Il donnerait seulement des conseils, quand on lui en demanderait. Il accorderait des subventions, quand il le pourrait. Il faciliterait les autorisations, lorsqu'on aurait recours à son intermédiaire. Il correspondrait avec les comités locaux qui se formeraient sur différents points du département, et qui voudraient s'aboucher avec lui; il centraliserait l'œuvre, non pas pour agir lui-même, mais pour faciliter l'action d'autrui, laissant à chacun la liberté de vivre en dehors de lui, d'adopter des statuts et de distribuer des livres. Par exemple, la Société académique de Saint-Quentin continuera son œuvre propre, si elle le désire, ou elle se rattachera par les liens de la correspondance, si elle le préfère, au Comité de Laon. La règle, ici, doit être une entière liberté. Toute uniformité administrative, toute symétrie hiérarchique, tout ce qui ressemblerait de près ou de loin à une organisation compliquée, serait chose détestable.

C'est bien dans cet esprit, il nous semble, que les souscripteurs vont se réunir à Laon, et là, dans une assemblée générale, ils choisiront eux-mêmes le bureau; ils ratifieront la nomination du président de l'œuvre, qui n'est que provisoire; ils nommeront leurs délégués et assoieront l'institution sur une base solide. De cette façon, on évitera tous ces froissements d'amour-propre, toutes ces luttes personnelles qui, fastidieuses et stériles, ne compromettent que trop souvent les institutions naissantes. La direction sera l'œuvre réfléchie du libre choix des fondateurs. Un Comité collectif ne laissera à personne une influence prépondérante et exclusive. Toutes les opinions et toutes les volontés seront fidèlement représentées. Telle est la manière dont nous croyons qu'il convient d'apprécier le rôle et la mission du Comité.

Rien ne sera plus facile, quand le Comité central fonctionnera à Laon, que de créer des Comités cantonaux, sinon dans tous les cantons, au moins dans les chefs-lieux importants. On en établira même dans les communes. Et là aussi une administration collective permettra à toutes les opinions de se faire jour.

C'est ainsi que nous entrons de plain-pied sur le terrain de l'application, sans phrases, sans illusions, décidés à accomplir le bien, à ne pas nous laisser décourager par les obstacles, et à déconcerter par notre patience les mille et une difficultés que soulèvent toutes les innovations et qui sont ici, comme partout, les petites misères de la vie humaine.

Si de hautes notabilités patronnent la Société, si le Conseil général lui donne un centre et un point d'appui, ce n'est pas une raison pour que les efforts individuels cessent. La vie serait au centre et les extrémités resteraient froides et inanimées. Pour qu'il y ait propagation de lumières et rayonnement de progrès intellectuel et moral, c'est à la commune qu'il convient de faire appel, aux notabilités communales, aux gens de bien qui ne cherchent qu'à agir et à se fortifier dans les liens fraternels de l'association.

Voici donc notre élément vital : la commune. Elle a 600, 1,000, 1,500, 2,000 habitants. Qu'importe? La quantité d'habitants ne fait rien. La personne qui se dévoue aux Bibliothèques va trouver le maire. C'est le maire qui, par sa position mixte de représentant du pouvoir et de gérant des intérêts municipaux, est naturellement désigné à être le président de ces Sociétés. C'est lui qui sera l'intermédiaire écouté de l'œuvre auprès du Conseil municipal. Le Consei municipal est tout-puissant en pareille matière. Choisi par les habitants de la commune, personne mieux que lui ne saurait favoriser les Bibliothèques. C'est lui, d'ailleurs, qui, par son vote, ne voudra pas rester en arrière et offrira généreusement une petite subvention, dont le secours sera toujours fort appréciable.

Après le maire et le Conseil municipal, viennent le curé, dont l'influence est si légitime et les sympathies si précieuses pour les succès de l'œuvre, ainsi que l'instituteur. L'instituteur prêtera son école. Sans lui, la difficulté du local serait quelquefois aussi gênante que dispendieuse. L'école n'est-elle pas le logement prédestiné de la Bibliothèque? Enfant, c'est à l'école qu'on allait; adulte, c'est le chemin de l'école qu'on reprendra. Qui pourrait se vanter de n'avoir pas besoin d'y retourner? Les Bibliothèques populaires ne sont autre chose que l'enseignement primaire continué, prolongé, porté à sa seconde puissance. Au XIXe siècle, on développe avec zèle et chaleur de cœur, la jeune intelligence de l'enfant. Peut-on, sans inconséquence, ne rien faire pour l'adolescent et l'homme mûr? L'enseignement des premières années, qui a coûté tant d'efforts, se perdra-t-il donc ainsi dans l'oubli, tandis que la lecture de quelques livres le maintiendrait, et le fortifierait en l'accroissant? Entre l'enseignement primaire et les Bibliothèques, il y a une corrélation intime et forcée. L'un commande l'autre, à moins qu'on ne soit assez paradoxal pour prétendre qu'on n'apprend que pour oublier ou qu'on ne soit assez immoral pour dire que les connaissances acquises à l'école trouvent une application suffisante dans les publications malsaines qui se débitent dans les campagnes et dans les villes.

Telle sera la pensée exacte du Comité, et elle ne saurait mieux s'affirmer que dans ces paroles de M. Hébert, président de l'œuvre, qui disait, il y a quelques jours, dans le discours de distribution des prix aux adultes, à Laon : « A quoi bon

« l'instruction, s'il n'y a pas de Bibliothèques populaires
« pour la nourrir? Elles seules donneront, non pas cette
« éducation superficielle et éphémère qui effleure tout sans
« rien approfondir, et qui ne fait que des demi-savants,
« fléau des sociétés; mais cette bonne et solide instruction,
« puisée dans la science du beau et du bien, dans l'expé-
« rience que les enseignements de l'histoire peuvent seuls
« donner et qui réside surtout dans les principes d'ordre,
« de haute moralité et de religion. »

Ainsi, les éléments de toute organisation, les conditions de succès, les voilà. Le maire comme président, le Conseil municipal, le membre du Conseil général, le curé, le juge de paix et les notabilités de la commune, comme point d'appui; l'instituteur comme le gardien naturel de l'œuvre, l'école comme siège de l'établissement.

Avec un pareil concours, comment ne pas réussir! En haut, on sera toujours sûr de l'appui du Comité central et de l'autorité préfectorale qui s'empressera de donner toutes les autorisations nécessaires. Cette parole, partie des sphères les plus élevées, « la fondation d'une Bibliothèque dans toutes les communes de la France, est une œuvre de bienfaisance et d'utilité publique, » rencontrera, bien évidemment, les plus vives sympathies à tous les degrés de l'échelle administrative. Par le bon vouloir et les encouragements que l'autorité a manifestés et prodigués dans le passé, on juge avec certitude ce qu'elle fera dans l'avenir.

Ce n'est pas tout. Maintenant que nous avons la Bibliothèque, il faut la remplir. Le choix des livres est une des questions les plus importantes et les plus difficiles. Un bon livre produira d'excellents résultats, un mauvais livre engendrera de déplorables effets. Pour savoir s'il est bon ou mauvais, il faut le connaître et l'avoir lu. Ceux qui s'en rapporteraient au titre seraient bientôt trompés. Il ne faut pas plus se fier au titre de certains livres qu'à la mine de certaines gens.

Où se procurer les livres?

A plusieurs sources.

Nous avons tous, dans le coin de nos chambres ou dans le fond de nos Bibliothèques, quelques livres que nous avons lus ou que nous n'avons pas lus, mais qui ne servent et ne serviront à rien. C'est une valeur enfouie. Rendons-la productive, mettons-la en circulation. Quelle valeur aurait un sac d'écus qui ne sortirait jamais de son tiroir? A quoi bon un livre qu'on coupe à peine et qui ne circule pas?

Les enfants, dans les communes, vont à l'école; ils ont des prix. C'est bien à eux; mais le nombre des prix est restreint. La famille, toute fière des succès de son enfant, l'a lu et relu. La preuve en est qu'on voit dans bien des endroits la trace non équivoque du pouce du lecteur. N'y aurait-il pas moyen de multiplier la richesse des enfants et des parents, et, au lieu d'un livre, d'en avoir trente ou quarante? Rien n'est plus simple. Apportons tous à la Bibliothèque communale, quand nous les avons lus, les prix de nos enfants. On lira notre livre; mais nous y gagnerons, puisque nous lirons ceux des autres. Plaisir et profit, ce n'est pas chose à négliger. Tout le monde en tire avantage; et voilà bien la preuve qu'en association 2 et 2 font 5. On inscrira sur la première page du livre le nom de celui qui aura remporté le prix, et le nom des parents qui l'auront donné. L'amour-propre légitime y trouvera lui-même son compte. Cette source de livres aura d'ailleurs cet avantage précieux qu'elle dispense pour ainsi dire de contrôler les ouvrages, puisqu'on peut lire et faire lire en toute sûreté les volumes qui sont distribués, comme récompense, dans les écoles.

Quand nous aurons fait ce double appel à l'initiative privée, il nous reste bien d'autres moyens d'avoir des livres.

Le Comité central est institué, avant tout, pour stimuler les efforts privés. Il les encouragera principalement en accordant des subventions. Ces subventions seront données aux communes, aux sociétés individuelles qui s'en montreront dignes par leur zèle et leur activité. Elles se feront ou sous la forme d'une remise d'argent, ou sous forme d'un don de livres. Ce dernier moyen vaut mieux, d'abord parce que le Comité départemental, en achetant une grande quantité de livres, obtiendra une réduction considérable dans les prix ; ensuite et surtout, parce que, composé d'hommes essentiellement réfléchis et moraux, il ne donnera que de bons livres susceptibles d'être lus sans inconvénients.

Il ne faudrait pas croire cependant que chaque Bibliothèque, chaque Société ne pût directement choisir ses volumes au gré de ses désirs et au goût de ses lecteurs. Rien ne serait plus antipathique au caractère de l'œuvre qu'un accaparement d'influence. Toute Société pourra donc s'adresser à ses éditeurs. Mais il est bon que chacun connaisse les facilités qui lui sont offertes, au point de vue de l'approvisionnement des livres. Si vous cherchez dans une commune à répandre l'idée, vous rencontrerez d'abord quelques préventions ; on vous demandera peut-être quelle est la maison de librairie de Paris que vous représentez. Mon Dieu ! la défiance n'est pas un mauvais sentiment, et quelques courtes explications auront bientôt prouvé aux plus soupçonneux qu'il n'y a ici ni commerce ni spéculation, mais œuvre généreuse et philanthropique.

Il y a à Paris des Sociétés constituées qui, dévouées à la pensée des Bibliothèques populaires, dont elles sont les premières créatrices, fournissent les ouvrages demandés avec une réduction considérable. Elles ne font pas œuvre mercantile, il ne faut pas s'y tromper, mais uniquement œuvre de patronage et d'assistance.

Il y a d'abord la *Société pour l'amélioration et l'encouragement des publications populaires*, autorisée par le Gouvernement en 1864, dont les bureaux et la bibliothèque sont à Paris, 82, rue de Grenelle-Saint-Germain. Cette Société a dressé un catalogue complet. Chaque indication d'ouvrage est suivie d'un résumé du livre, qui, en quelques lignes précises, vous permet au premier coup d'œil de savoir ce qu'il contient et à quelle catégorie de lecteurs il convient. Cette Société a passé des engagements avec les éditeurs de Paris. Elle procure les livres au dernier prix, et tout achat qui s'élève à 50 ou à 100 fr. donne lieu à un supplément de livres qui constitue une prime de 25 ou 50 fr. Voilà des indications qui suffisent pour montrer combien il serait avantageux de recourir à cet intermédiaire.

Une autre Société, la *Société Franklin, pour la propagation des Sociétés populaires*, dont le siège est à Paris, 6, rue de Savoie, s'est abouchée également avec les éditeurs de Paris, et offre, de même, de précieux avantages. Cette Société compte déjà dans le département de l'Aisne, et notamment à Saint-Quentin, de nombreux adhérents.

Il y a enfin une librairie importante de Paris, la librairie Hachette, qui a imaginé un système de location pour les communes, lorsqu'elles ne voudraient pas acheter. Moyennant 25 centimes par jour, elle loue une caisse de livres d'une valeur vénale de 200 fr. Dans certains cas rares, ce système peut avoir ses avantages; mais nous ne le conseillons pas. 25 centimes par jour, somme insignifiante en apparence, font un total de 90 fr. par an, ce qui serait, pour les petites communes, une dépense énorme. Si les libraires y font leur profit, les communes n'y feraient pas le leur.

Voilà donc un point acquis: ce n'est pas la facilité de se procurer des livres qui manque. Chacun agira à sa guise. Mais il est un point fondamental sur lequel tout le monde doit être d'accord, celui d'une juste sévérité dans le choix des livres.

De toutes les passions qui agitent l'humanité, il n'y en a pas de plus vives et de plus ardentes que les passions politiques et les passions religieuses. Chose singulière! la politique a pour mission essentielle et primitive de réunir les hommes en un faisceau, de les grouper en harmonie et de les protéger contre les attaques et les empiétements d'autrui. Pourquoi faut-il que, grâce au conflit des intérêts et à l'opposition des caractères, elle divise parfois les citoyens plus qu'elle ne les rapproche? La religion, de son côté, est synonyme de miséricorde et de pardon. Que de fois cependant les hommes ne la dénaturent-ils pas en se livrant en son nom à une coupable intolérance?

Pour le cas invraisemblable où des divergences d'idées, soit au point de vue politique, soit au point de vue religieux, se feraient jour dans l'œuvre des Bibliothèques, il appartient aux hommes impartiaux et modérés de les conjurer.

En première ligne, la politique n'a rien à faire dans cette question. La Société a les plus vives sympathies du Gouvernement, mais elle a aussi sa vie personnelle. Elle naît et croîtra en vertu de ses propres forces. Progressive en même temps que conservatrice, elle fait appel aux hommes de toutes les couleurs et de toutes les nuances. Elle repousse nettement ceux qui, dans un but téméraire, voudraient corrompre l'institution pour en faire un moyen de satisfaire leur ambition et de porter brèche aux droits de l'autorité légitime. Elle réalisera le programme qu'un homme distingué de notre époque qualifiait ainsi : « Toutes les fois qu'une question sera examinée en face, il se fera une opinion publique qui ne sera ni bleue, ni rouge, ni blanche, mais qui sera l'opinion d'un pays et non d'un parti (1). »

Quant à la question religieuse, il importe de l'examiner loyalement. Les susceptibilités qu'elle éveille sont trop légitimes et respectables pour qu'elle ne se recommande pas à l'attention de tous.

La Société des Bibliothèques populaires est profondément sympathique aux idées religieuses ; mais elle n'entend s'immiscer dans aucune croyance, et elle ne blessera aucune

(1) M. Laboulaye.

conscience. Le terrain sur lequel elle se tiendra, c'est le terrain de la neutralité. Il faut ici que chacun y mette du sien ; c'est en transigeant, c'est en sacrifiant quelques-uns de ses désirs personnels qu'on fonde une œuvre commune. Il est clair, par exemple, qu'il serait impossible de ne meubler les Bibliothèques que de livres religieux. Les Psaumes et les Vies des saints, si édifiants qu'ils soient, seraient bientôt monotones. Mais il est clair aussi, qu'il faut bannir de nos catalogues tous les livres où le doute ronge l'âme, où le scepticisme étale ses cruels et froids ravages, où une philosophie malsaine et irréligieuse se fait jour. Catholiques, protestants et libres penseurs, au lieu de se combattre, doivent s'unir et s'allier pour se tourner contre l'ennemi commun et le combattre à outrance. Cet ennemi, c'est l'immoralité, c'est la publication des mauvais romans, c'est l'extension du feuilleton immoral, c'est tout ce qui vit par le scandale, flatte les mauvaises passions populaires et ne laisse après lui rien de vivace et de fécond pour le bien. Notre littérature, Dieu merci, n'est pas dépourvue de ces ouvrages qui, neutres en matière religieuse, éloignés d'un ultramontanisme exagéré ou d'une philosophie dangereuse, offrent à tous des lectures instructives, saines et morales. Il n'y a qu'à ouvrir un des catalogues à l'usage des Bibliothèques populaires, pour faire immédiatement une récolte d'ouvrages excellents. Il importe seulement de ne se départir à aucun prix d'une juste et impartiale sévérité dans le choix des livres. Nos prédécesseurs, les hommes influents de l'Alsace, nous ont donné un exemple à suivre. Écoutons leurs sages conseils et profitons de leur expérience. Comme eux, posons en principe que « les Bibliothèques doivent être ir-
« réprochables au point de vue de la foi et des mœurs du
« lecteur, et que jamais on ne séparera la littérature ins-
« tructive et attrayante de la littérature morale et chré-
« tienne. » Que la devise des Bibliothèques dans le département de l'Aisne soit celle-ci : « Civiliser en morali-

sant, » et que jamais les fondateurs et propagateurs de ce mouvement intellectuel ne perdent de vue que « l'esprit chrétien est l'arome qui empêche l'humanité de se corrompre. »

On s'abuserait en le dissimulant; les Bibliothèques populaires peuvent avoir, soit en bien, soit en mal, une portée considérable. Il convient de régulariser et de diriger le mouvement pour lui conserver une influence pacifique et saine. N'oublions pas que « l'organisation de la société commence dans les écoles, » et rappelons-nous sans cesse cette parole du grand Leibnitz : « Celui-là qui est maître de l'éducation peut changer la face du monde. »

Il est une réflexion qui s'impose surtout à l'attention des personnes influentes de notre époque. C'est moins l'instruction qu'il faut populariser que l'éducation. L'instruction sert dans les rapports sociaux; elle grandit le citoyen, elle élève son âme, mais « c'est l'éducation qui est le baptême moral de l'homme. » Qui n'a remarqué que, dans nos écoles, on s'occupe beaucoup de cultiver l'esprit et la mémoire, mais qu'on néglige parfois un peu trop la culture des sentiments du cœur? Consultons les penseurs de notre époque. Ils nous diront que les classes ouvrières, principalement, ont plus besoin d'être élevées que d'être instruites; et qui ne ratifierait ces paroles d'un ministre protestant bien connu : « Si l'instruction est dépouillée de toute in-
« fluence religieuse et morale, elle contribuera faiblement
« au soulagement de la misère, puisqu'elle ne tendra pas
« à détruire le vice, qui en est une des causes principales. »

L'éducation donc, plus encore que l'instruction. Le cœur avant l'intelligence, ou plutôt l'un avec l'autre, et jamais l'un sans l'autre; la réunion de toutes les forces de l'homme pour détruire les publications mauvaises et couper le mal dans sa racine dans les campagnes et dans les villes.

Cela ne veut pas dire qu'il ne faille donner à lire que des livres graves et solennels. Un pareil sérieux serait synonyme d'ennuyeux. Il convient, au contraire et principalement dans les débuts, de recourir à des lectures attrayantes et amusantes. C'est comme cela que, dans les campagnes surtout, on amorcera le public. Des publications illustrées, telles que le *Magasin pittoresque* et le *Musée des familles*, sont appelées à jouir d'un véritable succès. Peu à peu, par ce moyen, les livres plus sérieux se liront à leur tour. Mais on rebuterait le lecteur, si on commençait par là. Toutes les Bibliothèques déjà fondées témoignent de cette vérité que les ouvrages un peu scientifiques, même ceux qui sont appropriés aux travaux pratiques de la ville et de la campagne, ne sont pas d'abord recherchés avec empressement. Les histoires, les voyages, des romans choisis sont, au contraire, très-goûtés.

Il reste maintenant, au point de vue pratique, à fonder un règlement net et court. Ici encore les communes et les Sociétés seront maîtresses; mais le règlement central aura toujours, à leurs yeux, une véritable influence. Ces questions sont évidemment œuvre subsidiaire, questions de réglementation sur lesquelles il est facile de s'entendre. Voici seulement les points les plus importants.

Le prêt des livres doit-il être gratuit? Il le serait qu'il n'y aurait aucun inconvénient grave. Mais l'expérience a définitivement démontré qu'il valait mieux qu'il ne le fût pas. Le prêt gratuit, aux yeux de certaines classes de la société, ressemble trop à une aumône. L'œuvre des Bibliothèques serait considérée comme une œuvre de bienfaisance. Il faut éviter cette fausse interprétation. La somme qu'on devra payer sera aussi insignifiante qu'on voudra, 0,15, 0,10, 0,05 cent. par volume, suivant les communes; mais cette rétribution sera précieuse. Les lecteurs considéreront comme un droit d'avoir des livres; l'idée de patronage et d'influence secrète et forcée disparaîtra complétement; puis, quand on paie quelque chose, on y attache toujours plus d'importance. Il en est ici comme de la rétribution scolaire. Les parents surveillent d'autant mieux les progrès de leurs enfants que ces progrès leur coûtent quelque chose. De même la lecture leur semblera plus sérieuse, parce qu'ils paieront une petite somme. Ajoutons que, si le lecteur garde le volume trop longtemps, plus de vingt jours par exemple, il devra payer une deuxième fois la location, ce qui sera un stimulant pour le pousser à lire. Au reste, la rétribution des livres demeurera facultative pour les communes, et il pourra toujours y en avoir, qui, en raison de circonstances particulières, auront intérêt à prêter des volumes gratuitement. C'est là une question d'appréciation toute locale pour laquelle il serait imprudent d'adopter une solution uniforme et invariable.

On fera bien, en général, de ne prêter qu'un volume à la fois. Il faudra tenir la main aussi à ce qu'il soit rapporté exactement dans le délai fixé, quinze ou vingt jours. Il importe d'habituer les lecteurs à l'exactitude et de garantir cette exactitude par une petite amende, dont on pourra faire remise en pratique, mais qui sera toujours exigible en théorie.

Une bonne chose encore, c'est d'avoir un catalogue. N'eût-on dans l'armoire de la Bibliothèque que quinze ou vingt volumes, n'importe, on fera bien d'en composer une liste à la main, de la copier plusieurs fois et de la faire circuler dans la commune. C'est un petit moyen, mais la propagande est infaillible. De même, un timbre, apposé sur chaque volume, donnera un caractère authentique plus imposant à la Bibliothèque, et en annoncera la fondation partout où le livre circulera, en même temps qu'il garantira la fidèle restitution du prêt.

Dix-neuf fois sur vingt, ce sera l'instituteur qui sera naturellement le bibliothécaire et le trésorier. Son zèle et son instruction lui permettront de diriger sans peine cette partie essentielle de l'œuvre. Un ou deux petits registres suffisent pour l'administrer avec ordre et promptitude. Dès le début, qu'y a-t-il de plus simple que d'ouvrir à chaque lecteur un petit compte courant par doit et avoir, en mettant d'un côté les livres qu'il emporte et de l'autre ceux qu'il rend. Là où les lecteurs seront plus nombreux, le système se modifiera aisément.

On le voit, dans tout cela, il n'y a aucune difficulté sérieuse, il suffit d'avoir de la bonne volonté. Le Comité central, lors de sa prochaine réunion, lancera, sans doute, en forme de circulaire, un appel aux maires et autres personnes influentes des différentes communes du département. Cet appel, il faut bien le comprendre, sera purement et simplement un appel à l'initiative de chacun. Dès aujourd'hui, les journaux du département ont ouvert une souscription. La presse s'est emparée de l'idée nouvelle avec conviction, avec zèle, avec ardeur (1). On ne se figure pas ce que peut une volonté ferme et une propagande active. Tel instituteur, on l'a vu récemment, réunira, dans sa commune, un nombre considérable de souscripteurs. Une faible somme d'argent suffit pour réussir. Avec 50 ou 100 francs on forme le noyau d'une Bibliothèque populaire. Ce n'est rien pour un Conseil municipal. Ce n'est rien non plus pour les gens notables d'une commune. Il n'y a pas d'autres frais. A quoi bon une organisation savante et compliquée? Qu'on commence et le reste ira tout seul. Une Bibliothèque spéciale est un meuble superflu. Dans le début, une armoire, une planche suffisent. C'est avec de petits commencements et un zèle tenace que l'œuvre grandira et se développera, paisiblement, sans obstacles et sans froissements. Doué de l'esprit d'initiative et doté des plus puissants éléments de succès, le département de l'Aisne sera bientôt, comme instruction et développement du progrès intellectuel, de même

(1) Voir les divers journaux du département, notamment les articles de MM. Stenger et Moureau, et une brochure de M. Stenger sur les Bibliothèques populaires dans le département de l'Aisne.

qu'au point de vue matériel et économique, un des départements les plus avancés et les plus riches de l'Empire. C'est dans l'Aisne que, depuis peu d'années, le nombre des Bibliothèques scolaires a dépassé le nombre de 200, et qu'elles comptent un total de plus de 32,000 volumes. C'est dans l'Aisne que, par une extension qui a paru à l'inspecteur de l'Académie « tenir du prodige, » les 39 cours d'adultes qui existaient en 1865 se sont élevés en 1866 à 721, avec 13,849 auditeurs. C'est bien dans un pareil département, où les journaux de chaque jour publient déjà une liste d'adhérents à la fondation des Bibliothèques communales populaires, que cette institution nouvelle est appelée à se propager, à s'étendre partout, et à engendrer de beaux et féconds résultats.

Henri AMELINE,
Avocat à la Cour impériale de Paris.

Saint-Quentin, 1er octobre 1866.

www.ingramcontent.com/pod-product-compliance
Lightning Source LLC
Chambersburg PA
CBHW061610040426
42450CB00010B/2418